CARTEA DE GUITARE AL DIETA PE BAZĂ DE PLANTE

100 de rețete ușoare și delicioase pentru începători cu o dietă pe bază de plante

Elvira Drăghici

© COPYRIGHT 2022 TOATE DREPTURILE REZERVATE Acest document este orientat spre furnizarea de informații exacte și de încredere cu privire la subiectul și problema abordată. Publicația este vândută cu ideea că editorul nu este obligat să presteze servicii contabile, autorizate oficial sau altfel calificate. Dacă este nevoie de consiliere, juridică sau profesională, trebuie solicitată o persoană practicată în profesie.

În nici un fel nu este legal să reproduci, să dublezi sau să transmită orice parte a acestui document, fie prin mijloace electronice, fie în format tipărit. Înregistrarea acestei publicații este strict interzisă și orice stocare a acestui document nu este permisă decât cu permisiunea scrisă a editorului. Toate drepturile rezervate.

Avertisment Disclaimer, informațiile din această carte sunt adevărate și complete după cunoștințele noastre. Toate recomandările sunt făcute fără garanție din partea autorului sau a publicării poveștii. Autorul și editorul își declină răspunderea în legătură cu utilizarea acestor informații

Cuprins

INTRODUCERE 8

RETETE DE MIC DEJUN 10

1. Dulceata de zmeura sau afine amestecata la rece 10
2. Ringlotten shake cu semințe de cânepă 11
3. Shake de ierburi 12
4. Kokos-Shake 14
5. Banana Nutella Shake 15
6. Shake de vitamine 16
7. Lapte de soia cu ananas proaspăt 17
8. Smoothie cu capsuni si spanac 18
9. Pâine prăjită cu avocado Frankenstein 19
10. Bolul rapid și ușor de fulgi de ovăz pentru micul dejun 20
11. Pâine prăjită cu unt de migdale cu cartofi dulci și afine 22
12. Smoothie tropical într-un castron 24
13. Fulgi de ovăz asezonați cu legume 25
14. Fulgi de ovăz cu dovleac și condimente 27
15. Bol pentru smoothie de primăvară 29
16. Terci vegan cu căpșuni 31
17. Tsampa terci vegan 32
18. Vafe cu sos de mere si migdale 33
19. Muesli din fulgi de spelta de vanilie cu banane si zmeura . 34
20. Budinca de orez cu vanilie cu mere si scortisoara 35

RETETE DE DESERT 37
   21. Desert cu gris de portocale de la aburi 37
   22. Desert de zmeura cu crema de branza de tara 38
   23. Caise coapte cu spumă de oală 40
   24. Legume fenicul de la aburi 41
   25. Desert rapid cu mere 42
   26. Desert budincă de nuci 44
   27. Galuste cu cheag cu sos de capsuni 46
   28. Chipsuri cu mere 48
   29. Foster banane 49
   30. Superaliment în fursecuri cu ciocolată 50
   31. Înghețată de ciocolată veganǎ 52
   32. mousse de ciocolată cu 4 ingrediente 53
   33. Plăcintă cu lămâie înghețată cu ananas și proaspătă 54
   afine 54
   34. Gelat cu ciocolată 56
   35. Inghetata cu unt de arahide si jeleu 58
   36. Cremă veganǎ 60
   37. Tsampa terci vegan 61
   38. Clatite cu zmeura vegane 63
   39. Orez din lapte de cocos cu kiwi si banane 64
   40. Banane crocante la cuptor 66
REȚETE DE GUSTARE 67
   41. Frigarui de paine si branza 67

42. Rulate prăjite 68

43. Burger de curcan și castraveți 70

44. Tortila cu creveți și anghinare 72

45. Club sandwich cu oală cu ierburi 74

46. Rulouri de strudel cu cartofi dulci 75

47. Gustare cu mere și morcovi 76

48. Chipsuri de boia 78

49. Toast vegetarian 79

50. Chipsuri de cartofi prăjite 80

51. Sos de mere rosu si sfecla 81

52. Lămpi de mere „Halloween" 82

53. Pâine prăjită cu unt de migdale cu cartofi dulci 83
și afine 83

54. Pâine prăjită cu avocado 85

55. Batoane cu dovleac și fulgi de ovăz 87

56. Fulgi de ovăz și prăjituri cu mere 88

57. Minisandías delicioase 90

58. Naut prajit 92

59. Vafe cu sos de mere si migdale 94

60. Pepene verde rece ca gheață pe un băț 95

REȚETE DE SUPE 96

61. Supa crema de castane 96

62. Supă cremă de varză roșie și mere 97

63. Tafelspitz cu sos de fructe de muștar 99

64. Supă cremă de rădăcină albă 101

65. Supă de creson 102

66. Supă de cartofi și guli-rabe 104

67. Supă de spanac și tofu 106

68. Supa spuma de sfecla rosie 107

69. Bulion de legume fără sodiu 108

70. Supă de mere-morcovi-ghimbir 110

RETETE DE SOS 112

71. Gnocchi cu sos de rosii si busuioc 112

72. Sos de gratar 113

73. Sos rece de plante 115

74. Cartofi prajiti cu sos verde 117

75. Sos de roșii Blitz 118

76. Sos de dovleac 120

77. Sos fructat de boia 122

78. Sos de rosii cu legume 124

79. Sos de roșii spaniol 126

80. Dovleac iute și sos de nucă de cocos 128

81. Sos de mere roșu și sfeclă 130

82. Sos de afine și portocale 132

83. Sos de afine 133

84. Dulceata de rosii picanta 134

85. Sos tartar vegan 136

GĂRĂ ȘI FOARTE PRINCIPALĂ 138

86. Burritos cu broccoli 138
87. Vinete si ciuperci cu alune 139
88. Fettuccine cu broccoli si nuci de pin 141
89. Aluat de pizza cu grau integral si negru 142
90. Usturoi Spanac 144
91. cartofi dulci! 146
92. Piure de cartofi cu usturoi 148
93. Cartofi copți umpluți 149
94. Orez curry 151
95. Piure de cartofi 153
96. Umplutura traditionala 154
97. Umplutura Pilaf de Quinoa 155
98. Tava rapidă cu spanac și legume 157
99. Tocană de orez speltă și morcovi 158
100. Curry de cartofi verzi cu mazăre 160
CONCLUZIE 161

INTRODUCERE

Dieta pe bază de plante, cunoscută ca pe bază de plante, susține că alimentele ar trebui să se concentreze pe calitatea alimentelor din plante, făcând posibil să profitați de acestea și să reduceți consumul de alimente de origine animală, fără a fi nevoie să le eliminați complet din alimentație.

Această dietă include nu numai fructe și legume, ci și nuci, semințe, uleiuri, cereale integrale (leguminoase precum cereale, fasole, linte, mazăre etc.) și legume, preferând întotdeauna versiunile din cereale integrale ale alimentelor precum cerealele sau cerealele. , de exemplu orez sau pâine. Asta nu înseamnă că devii vegetarian sau vegan și nu mănânci niciodată produse de origine animală. În schimb, alege proporțional mai multă hrană din surse vegetale.

A ști să mănânci înseamnă a ști să alegi

Știm astăzi că o bună parte din sănătatea noastră depinde de alimente.

Există mai multe abordări considerate sănătoase de către cele mai diverse autorități în materie, atât în hrana omnivoră, cât și în cea vegetariană sau vegană - toate cu atenția cuvenită pentru ca nutrienții esențiali să nu lipsească.

Strategii practice pentru a implementa o dietă cu mai multe legume:

• Creșteți-vă consumul de legume: umpleți jumătate din farfurie cu legume la prânz și la cină. Asigurați-vă că includeți o mulțime de culori atunci când alegeți legumele. Savurați legume ca o gustare cu bețișoare de morcov, batoane de castraveți, roșii cherry însoțite de humus sau guacamole, de exemplu. Adaugă supă în dieta ta în mod regulat, ca o modalitate de a crește numărul de legume. Mâncați des salate: umpleți un castron cu verdeață de salată precum salată verde, spanac, smog, creson și altele; apoi adăugați o varietate de alte legume împreună cu ierburi proaspete, fasole, mazăre sau tofu, de exemplu;

• Alegeți grăsimi bune: grăsimile din uleiul de măsline, măslinele, fructele oleaginoase (nuci, migdale, alune etc.) și unturile lor, semințele și avocado sunt
alegeri deosebit de sănătoase;

• Gătiți o masă vegetariană cel puțin o noapte pe săptămână: construiți aceste mese în jurul cerealelor integrale, legumelor și legumelor;

• Includeți cereale integrale în micul dejun: începeți cu ovăz, quinoa sau hrișcă. Se adauga apoi cateva fructe oleaginoase sau seminte (floarea soarelui, chia etc.) alaturi de fructe proaspete;

• Alegeți verdețurile și variați: Încercați zilnic o varietate de legume cu frunze verzi, cum ar fi varză, mătgul, spanacul și alte legume. Se fierbe la abur, se fierbe sau tocana pentru a pastra aroma si nutrientii;

• Schimbați paradigma: Fructe, legume, tuberculi, leguminoase, cereale, semințe oleaginoase, semințe... această schimbare a „paradigmei" le cere să preia rolul principal, întrucât ar trebui consumate în forma lor cea mai naturală, adică , mai întreg și mai puțin procesat, după cum indică numele original al dietei: Whole Food Plant Based Diet – sau „Dieting based on whole plant foods".

RETETE DE MIC DEJUN

1. Dulceata de zmeura sau afine amestecata la rece

ingrediente

- Pentru aprox. 4 pahare de 200 ml:
- 500 g zmeură sau afine
- 250 g zahăr granulat fin
- 1 lămâie
- 4 linguri de apă
- 1 lingurita acid citric (lingura rasa)
- 1 lingurita de preparat agar-agar (lingura rasa).

1. Pentru dulceata de zmeura sau afine amestecata la rece, marinati fructele de padure cu zahar si zeama de lamaie si amestecati incet cu mixerul (carlig de aluat) aproximativ 30 de minute pana cand zaharul s-a dizolvat complet.
2. Amestecați agar-agarul cu apă rece, aduceți la fiert cu puțină pulpă de fructe de pădure, lăsați să se răcească puțin și adăugați la restul de dulceață.
3. Dacă se dorește, dulceața poate fi strecurată printr-o sită înainte de a fi umplută (din cauza miezului).
4. Dulceata se poate pastra la frigider cca. 2 săptămâni și trebuie consumat imediat după deschidere.

2. Ringlotten shake cu semințe de cânepă

ingrediente

- 500 ml zară
- 1 buc. Mango
- 1 mână de bucle
- 2 lingurițe de semințe de cânepă
- 1 lingurita de preparat chia impreuna

1. Pentru Ringlotten Shake, curățați mango și separați pulpa de miez. Miezul inelului de lipit. Pune deoparte 2 bucle.
2. Pune totul într-un blender și pasează bine. Se amestecă semințele de chia. Umpleți în 2 pahare și stropiți cu semințele de cânepă. Scoateți miezul din fiecare pahar și puneți pe un pai, serviți și savurați.

3. Shake de ierburi

ingrediente

- 150 g ierburi (diverse, de exemplu pătrunjel, arpagic, mentă, leuștean)
- 400 ml lapte
- 400 ml crema de sos guma
- 2 linguri ulei de masline
- 1 lime (suc presat)
- 1 lingura otet balsamic (alb)
- sare
- Piper din râșniță)

pregătire

1. Pentru shake-ul cu ierburi, mai întâi amestecați bine toate ingredientele într-un mixer. Se toarnă în pahare răcite și se servește cu un pai de băut.

4. Kokos-Shake

ingrediente

- 500 ml lapte de cocos
- 150 g pulpa de cocos (proaspata, rasa)
- niște sirop de agave
- Cuburi de gheață (sau gheață zdrobită)
- 16 Physalis
- Preparatul de turmă de nucă de cocos

2. Pentru shake-ul de nucă de cocos, puneți mai întâi laptele de cocos, pulpa de cocos rasă, puțin sirop de agave și destule cuburi de gheață într-un blender.

Puneți totul împreună la cea mai mare viteză.
3. Shake-ul de nucă de cocos umple borcanele, se stropește cu nucă de cocos și se ornează fiecare cu un physalis.

5. Banana Nutella Shake

ingrediente

- 500 ml lapte
- 1 banană
- 1 Nutella
- Miere

pregătire

1. Pentru shake-ul de banane și Nutella, scoateți mai întâi coaja de banană, rupeți-o în bucăți și puneți-o într-un bol de mixare.

2. Turnați Nutella și puțin lapte și amestecați totul bine. Se adauga apoi zaharul vanilat si restul de lapte si se amesteca din nou bine.
3. Aduceți banana și shake-ul Nutella la masă în pahare înalte, bine răcite.

6. Shake de vitamine

ingrediente

- 2 bucăți de kiwi
- 1/2 portocală
- 1 bucata. banană
- 200 ml băutură din soia
- 1 lingura de preparat din seminte de chia

1. Pentru shake-ul cu vitamine, kiwi-ul se taie in jumatate, se indeparteaza pulpa cu o lingura, se taie portocala si banana in bucati mari, se paseaza cu bautura din soia si semintele de chia in blender.

7. Lapte de soia cu ananas proaspăt

ingrediente

- 1 1/2 l de apă
- 90 g boabe de soia (galbene sau albe, inmuiate in prealabil cel putin 12 ore)
- 120 g ananas (proaspat)
- 1 lingura ulei de floarea soarelui (presat la rece)
- 90 g preparat de zahar

2. Pentru laptele de soia cu ananas proaspăt, fierbeți toate ingredientele împreună într-o cratiță și acoperiți și lăsați să fiarbă timp de 40 de minute.

3. Se lasă să se răcească puțin, se transferă într-un mixer cu stand și se procesează timp de 5 minute până la o masă omogenă. Treceți printr-o sită. Iar laptele de soia cu ananas proaspăt este gata.

8. Smoothie cu capsuni si spanac

ingrediente

- 2 bucăți de banane
- 400 g căpșuni
- 100 ml lapte
- 1 lingura suc de lamaie
- 20 g preparat de spanac

1. Curățați banana, spălați căpșunile și îndepărtați tulpina.
2. Se face piure împreună cu restul ingredientelor.
3. Umpleți smoothie-ul în pahare și savurați rece sau imediat.

9. Pâine prăjită cu avocado Frankenstein

Ingredient

- 4 felii de pâine integrală
- 1 avocado, tăiat în jumătate și fără semințe
- 1 lingura suc de lamaie
- ½ linguriță de usturoi pudră
- Un praf de sare de mare

Ingrediente decorative

- 1 frunză de nori sau o frunză de salată întunecată
- Fasole neagra
- Ardei roșu feliat
- Pansament Mexicrema

Pregătirea

1. pâine într-un prăjitor de pâine sau în cuptor.
2. În timp ce pâinea este prăjită, puneți avocado într-un castron.
3. Adăugați sucul de lămâie, pudra de usturoi și sarea și pistilați cu o furculiță sau un zdrobitor de cartofi.
4. Tăiați frunza de nori sau salata verde pentru a forma părul.
5. Se decoreaza toast-ul Franken formand parul cu nori sau salata verde, ochii cu fasolea neagra, gura cu ardeiul feliat, iar rama fetei cu dressingul.

10. Bolul rapid și ușor de fulgi de ovăz pentru micul dejun

Ingredient

- ½ cană de fulgi de ovăz rapid
- ½ - ⅔ cană de apă caldă sau rece
- ½ cană de lapte vegetal
- 1 lingurita de pudra de fructe de padure maqui sau pudra de acai (optional)
- ½ cană de struguri proaspeți sau fructe de pădure
- banană (sau o banană întreagă, dacă preferi)
- Nuci
- Semințe

Pregătirea

1. Combinați fulgii de ovăz și apa într-un castron și lăsați-le la înmuiat câteva minute.
2. Tăiați bananele și strugurii sau fructele de pădure după cum doriți și adăugați-le la fulgi de ovăz.
3. Turnați lapte vegetal peste fulgi de ovăz și fructe.
4. Acoperiți cu nuci, semințe, pudră de fructe de pădure maqui sau pudră de acai. Eu folosesc nuci si seminte de canepa.

11. Pâine prăjită cu unt de migdale cu cartofi dulci și afine

Ingredient

- 1 cartof dulce, feliat de o jumătate de centimetru gros
- ¼ cană unt de migdale
- ½ cană de afine

Pregătirea

- Preîncălziți cuptorul la 350-360 ° F (177 ° C).
- Puneți feliile de cartofi dulci pe hârtie de copt. Coaceți până se înmoaie, aproximativ 20 de minute

- Serviți fierbinte, acoperiți cu unt de arahide și merișoare. Păstrați feliile de cartofi dulci rămase, fără sosuri, într-un recipient ermetic în frigider timp de o săptămână. Reîncălziți-le într-un prăjitor de pâine sau într-un cuptor cu toaster și acoperiți-le conform instrucțiunilor.

12. Smoothie tropical într-un castron

Ingredient

- 2 căni bucăți de mango congelate
- ½ cană bucăți de ananas congelate
- 1 banana congelata
- ½ până la 1 cană de lapte vegetal
- 2 linguri de nuci tocate la alegere
- ¼ ceasca de fructe tocate la alegere

Aderti suplimentare

- 1 lingura de faina de in
- 1½ linguriță bucăți de nucă de cocos

Pregătirea

1. Adăugați laptele de mango, ananas, banane și vegetale (1 cană creează un shake mai subțire, iar ½ cană îl face mai gros) într-un blender și amestecați totul până obțineți un amestec omogen.
2. Puneți smoothie-ul într-un bol și acoperiți-l cu nuci și fructe.

13. Fulgi de ovăz asezonați cu legume

Ingredient

- 4 căni de apă
- 2 căni de fulgi de ovăz „tăiat" (ovăz tăiat de ovăz cu gătit rapid)
- 1 lingurita condimente italiene
- ½ linguriță Herbamare sau sare de mare
- 1 lingurita praf de usturoi
- 1 lingurita praf de ceapa
- ½ cană drojdie nutritivă
- ¼ de linguriță pudră de turmeric
- 1½ cană kale sau spanac fraged
- ½ cană ciuperci feliate
- ¼ cană morcovi rasi
- ½ cana ardei mici tocati

Pregătirea

- Fierbeți apa într-o cratiță.
- Adaugati fulgii de ovaz si condimentele si scadeti temperatura.
- Gatiti la foc mic fara capac timp de 5 pana la 7 minute.
- Adăugați legumele.
- Acoperiți și lăsați deoparte 2 minute. ▯ Serviți imediat.

14. Fulgi de ovăz cu dovleac și condimente

Ingredient

- 2 cani de lapte vegetal
- 1 lingurita de condiment pentru placinta cu dovleac
- 4 curmale fără seminţe
- 2 linguri de stafide
- 2 cani de piure de dovleac
- 2 căni de fulgi de ovăz

Pregătirea

1. Amestecă laptele, curmalele, stafidele și condimentele într-un blender.

2. Combinați amestecul de lapte cu piureul de dovleac și fulgii de ovăz într-un recipient mediu.
3. Dacă amestecul este foarte gros, mai adăugați puțin lapte.
4. Acoperiți și lăsați la frigider pentru cel puțin o oră sau ideal peste noapte.
5. Bucurați-vă de căldură sau de frig.

15. Bol pentru smoothie de primăvară

ingredient*Pentru bol:*

- 1 banană
- niște conopidă (cum doriți)
- 125 ml lapte de migdale
- 1 mână de nuci caju
- 1 pastaie de vanilie (pulpa)
- 1 lingurita scortisoara
- 1 lingura miere (optional) Deasupra:
- 1 lingura fistic
- 1 mână de nuci (nuci, migdale)
- 1 mână de fulgi de cocos
- 1/2 mână de flori (comestibile)
- 1/2 mână de zmeură

- 1 preparat din fructele pasiunii
1. Pentru a da bolului o consistență și mai cremoasă, congelați banana.
2. Se face piure banana și toate celelalte ingrediente pentru bol până la o cremă netedă.
3. Apoi decorează în funcție de starea ta

16. Terci vegan cu căpșuni

ingrediente

- 3 linguri de fulgi de ovaz
- 1 pahar de lapte de soia (sau de ovăz)
- 1 mână de preparat de căpșuni (sau alte fructe).

1. Mai întâi aduceți la fiert fulgii de ovăz cu laptele de soia până se formează un terci frumos.
2. Dacă este necesar, adăugați lapte suplimentar. La final, tocam fructele de padure (sau alte fructe dorite) si amestecam cu fulgii de ovaz.

3. Presărați terciul cu fulgi de nucă de cocos prăjiți și savurați încă cald.

17. Tsampa terci vegan

ingrediente
- 250 ml lapte de soia
- 2 linguri tsampa
- 5 linguri fulgi de cocos
- 2 linguri sirop de agave
- 1 praf de vanilie
- 1 praf de scortisoara
- Prepararea fructelor (la voie).

1. Aduceți laptele de soia la fiert pentru piureul de tsampa și amestecați tsampa cu un tel.
2. Amestecați fulgi de cocos, semințe de chia, sirop de agave și condimente. Lasam sa fiarba

scurt, terciul se ingroasa frumos dupa ceva timp.
3. Tăiați fructele proaspete (smochine și prune) în bucăți mici și pliați-le în terciul cald.
4. Terciul de tsampa are cel mai bine gust când este savurat cald!

18. Vafe cu sos de mere si migdale

ingrediente
- 100 g fulgi de ovaz
- 50 g făină (de speltă integrală)
- 10 g semințe de chia
- 3 g bicarbonat de sodiu
- 25 g zahăr de mesteacăn
- 50 g unt de migdale
- 100 g sos de mere

- 1 buc. Lămâie (bio, coaja rasă și 1 linguriță de suc)
- 50 ml lapte de migdale (sau alt lapte vegetal, mai mult dacă este necesar)

pregătire
1. Adăugați ingredientele uscate în blender pentru vafele cu sos de mere și migdale și amestecați până când totul este măcinat fin.
2. Amestecați sosul de mere, sucul de lămâie, coaja de lămâie, untul de migdale și laptele de migdale. Adăugați încet acest amestec la ingredientele uscate și amestecați cu mixerul manual. Dacă este necesar, adăugați puțin lapte de migdale și asezonați cu zahăr de mesteacăn. Lasam aluatul sa se odihneasca 10 minute.
3. Între timp, preîncălziți fierul de vafe și, dacă este necesar, ungeți-l.
4. Puneti 1 lingura de aluat in mijlocul vafei, inchideti si coaceti vafele cu sos de mere si migdale pentru aproximativ 2 minute.

19. Muesli din fulgi de spelta de vanilie cu banane si zmeura

ingrediente
- 1 lingura de seminte de chia
- 1 lingura de seminte de in
- 5 linguri fulgi de spelta
- 1 lingurita scortisoara
- 2-3 linguri iaurt de soia (vanilie)
- 180 ml lapte de migdale
- 1/2 banană
- 1 mână de zmeură
- 1 lingura tarate de spelta
- 1 mână de bețișoare de migdale

pregătire

1. Muesli cu fulgi de spelta de vanilie cu banana si zmeura, se taie banana in jumatate si se taie felii subtiri.
2. Amestecați semințele de chia și in, fulgii de spelta, tărâțele de spelta, scorțișoara, batoanele de migdale cu laptele de migdale și iaurtul de soia. La sfârșit, îndoiți bucățile de banană și zmeura.
3. Dacă este necesar, adăugați puțin lapte sau iaurt și puneți muesli cu fulgi de speltă de vanilie cu banane și zmeură la frigider pentru a se înmuia peste noapte.

20. Budinca de orez cu vanilie cu mere si scortisoara

ingrediente
- 1 pahar de orez (bob rotund)
- 4 pahare de lapte de soia (aroma de vanilie)
- 1 mână de stafide
- 1 măr
- Preparat de scorțișoară (după gust).

1. Se fierbe încet orezul cu lapte de soia, scorțișoară (după gust) și stafidele până când boabele de orez sunt moi și consistența este plăcută și cremoasă. Se amestecă din nou și din nou!
2. Între timp, tăiați mărul în felii subțiri.
3. Aranjați feliile de mere pe budinca de orez caldă, stropiți cu scorțișoară suplimentară dacă doriți și serviți.

RETETE DE DESERT

21. Desert cu gris de portocale de la aburi

ingrediente

Pentru gris:

- 1/2 l lapte
- 80 g gris de grau
- 80 g miere
- 2 lingurite de agar agar
- 1 coaja de portocala (coaja)

4 linguri Cointreau pentru stratul portocaliu:

- 6 portocale

- 2 linguri Cointreau
- 3 lingurițe de miere de floare de portocal
- 2 lingurite de preparat agar-agar

1. Pentru desertul cu gris de portocale, puneți toate ingredientele pentru masa de gris într-un recipient neperforat și amestecați bine.
2. Pentru stratul de portocale, curățați și fileați 4 portocale. Tăiați fileurile în bucăți mici. Stoarceți restul de 2 portocale. Se amestecă sucul de portocale și bucățile de file cu Cointreau, miere și agar-agar. Se toarnă într-un al doilea recipient neperforat și se amestecă bine. Acum fierbeți ambele la abur la 100 ° grade timp de 10 minute. Apoi scoateți-l și amestecați din nou bine.
3. Mai întâi turnați grisul într-un pahar de desert și întindeți deasupra stratul portocaliu. Lăsați desertul cu gris de portocale să se odihnească într-un loc răcoros până când masa de portocale s-a gelificat.

22. Desert de zmeura cu crema de branza de tara

ingrediente

- 250 g crema de branza de tara
- 300 g zmeură
- 2 linguri de zahar
- 1 lamaie (cu coaja netratata)
- 1/8 l frisca
- 30 g răzătoare de nucă de cocos
- 1/8 l preparat de iaurt

1. Pentru desertul de zmeură cu cremă de brânză de țară, nu zdrobiți zmeura până la capăt și îndulciți după gust. Frisca se bate

pana se taie si se amesteca cu crema de branza de tara, iaurt, fulgi de cocos si zahar.
2. Turnați alternativ crema cu mousse de zmeură în pahare și presărați crema de brânză de țară și desertul de zmeură cu fulgi de cocos.

23. Caise coapte cu spumă de oală

ingrediente

- 3 linguri de caș (20%)
- 10 caise (mari, tari)
- 2 albusuri
- 50 de grame de zahăr
- 2 linguri de nuci (răzuite) preparat

1. Pentru caisele coapte, mai întâi spălați caisele, uscați-le, tăiați-le în jumătate și îndepărtați sâmburele. Preîncălziți cuptorul la 200°C și acoperiți tava cu hârtie de copt.
2. Apoi bateți încet albușul spumă cu zahărul foarte tare, amestecați cașul până se

omogenizează și amestecați-l cu grijă în albușurile cu nucile. Umpleți jumătățile de caise cu ea și coaceți la 200 ° C. Și caisele gratinate sunt gata.

24. Legume fenicul de la aburi

ingrediente

- 2 fenicul
- Verde fenicul
- 2 morcovi
- 1 bat (e) praz (mic)
- 2 tulpină(e) de țelină
- 1 lingurita suc de lamaie
- sare
- zahăr
- 2 buc. Ceapa
- 20 g unt
- 150 ml supa de legume

- piper
- 1 lingurita de supa de legume
- 150 g preparat crema dubla

1. Pentru spălarea feniculului, sferturiți și tăiați rădăcinile feniculului în formă de pană. Pune verde fenicul înapoi pentru decor.
2. Curățați legumele. Tăiați morcovii în felii groase de 0,5 cm, tăiați prazul în inele groase de 1 cm, tăiați țelina în bucăți groase de 0,5 cm. Puneți legumele într-un recipient de gătit perforat și puneți deasupra feniculul.
3. Se amestecă sucul de lămâie, sarea și zahărul și se toarnă peste fenicul. Pune recipientul de gătit în cuptor și pune un recipient solid dedesubt pentru a prinde supa de legume (10-12 minute la 100 ° C sau 5-6 minute la 120 °).
4. Se taie ceapa, se caleste in unt si se umple cu 150 ml supa de legume. Se condimenteaza cu sare, piper si supa de legume. Se amestecă smântâna dublă. Decorați legumele de fenicul de la aburi cu verdeață de fenicul mărunțită.

25. Desert rapid cu mere

ingrediente

- 4 mere
- 10-15 buc. Biscuiții
- 5 linguri miere
- scorțișoară
- Suc de lămâie
- 2 linguri de preparat stafide

1. Pentru un desert rapid cu mere, tăiați merele în felii fine și amestecați cu zahărul, scorțișoara și sucul de lămâie. Se sfărâmă aproximativ degetele din burete.
2. Umpleți straturi de mere, stafide și degete în 4 caserole de desert unse, umpleți cu 4 cl de

amaretto și stropiți cu scorțișoară și zahăr. Coaceți căldura de sus/inferioară la 180 de grade timp de 20-25 de minute.

26. Desert budincă de nuci

ingrediente

- 4 piese. Physalis
- 8 linguri de nuci (razuite sau tocate)
- Sos de ciocolata (pentru decor) ▫ Pentru budinca:
- 1 pachet praf de budincă de alune
- 500 ml lapte
- 3 linguri de zahar
- 1 lingură nuci (răzuite fin) preparat

1. Pentru desertul budinca de nuci, amestecati mai intai nucile cu praful de budinca. Pregătiți

budinca de alune conform instrucțiunilor și turnați în 4 forme mici pentru budincă.
2. Se lasa sa se raceasca si se da la frigider pentru cateva ore. Întoarceți budinca din forme, stropiți cu 2 linguri de nucă, decorați cu sos de ciocolată și puneți 1 physalis în mijlocul desertului de budincă de nuci.

27. Galuste cu cheag cu sos de capsuni

ingrediente

- 250 g quark
- 2 linguri de miere
- Firimituri
- 250 g capsuni (congelate)
- 1 pachet de preparat zahar vanilat

1. Pentru găluștele de caș cu sos de căpșuni, pregătiți mai întâi găluștele de caș. Pentru a face acest lucru, frământați oul, quarcul și zahărul împreună. Lăsați-l să se odihnească timp de 10 minute și apoi lăsați-l la infuzat în apă clocotită ușor timp de 7-10 minute.

2. In acelasi timp puneti zaharul si pesmetul si putin unt intr-o tigaie si frigeti. Rulați găluștele de caș finite în amestecul de zahăr crumble.
3. Pentru sosul de căpșuni, decongelați căpșunile congelate și apa în cuptorul cu microunde și adăugați zahărul vanilat. Se amestecă apoi cu blenderul manual și se condimentează după gust. Serviți găluștele cu brânză cu sos de căpșuni.

28. Chipsuri cu mere

ingrediente

☐ Merele

pregătire

1. Pentru chipsurile de mere, spălați merele, îndepărtați miezul cu tăietorul de miez și apoi tăiați în felii groase de 1,5 mm cu o felie.
2. Puneți feliile subțiri de mere într-un deshidratator și uscați. Întoarce-te o dată între ele. Se usucă până când chipsurile de mere sunt drăguțe și crocante.

3. În funcție de deshidratator, acest lucru durează aproximativ 2-3 ore.

29. Foster banane

ingrediente

- 2 linguri stafide
- 50 ml rom
- 2 linguri frunze de migdale
- 4 banane
- 1/2 lămâie (suc)
- 75 de grame de zahăr
- 1 lingurita de unt
- 1/4 lingurita preparat de scortisoara

1. Se amestecă stafidele cu romul și se lasă să stea aproximativ 30 de minute.
2. Prăjiți ușor migdalele fulgi într-o tigaie uscată, fără grăsime. Curățați bananele și tăiați-le în jumătate pe lungime. Ungeți imediat cu suc de lămâie.
3. Topiți zahărul și untul într-o tigaie mare la foc mic. Adăugați bananele și prăjiți-le scurt, întorcându-le o dată. Adaugam stafidele si romul si asezonam bananele cu scortisoara.
4. Lasam sa fiarba pana se dizolva zaharul. Aranjați bananele și presărați cu fulgi de migdale.
5. Servește bananele Foster cât sunt încă fierbinți.

30. Superaliment în fursecuri cu ciocolată

Ingredient

- ½ cană unt de arahide
- ½ cană de lapte de soia
- 8 curmale Medjool
- 1 cană făină de migdale
- 1 cană fulgi de ovăz
- 1 cană fulgi de ovăz
- ¼ cană de semințe de in măcinate
- ½ cană boabe goji
- ½ cană de boabe de cacao
- 1 banană coaptă
- 1 lingura de vanilie

Pregătirea

1. Puneți într-un robot de bucătărie toate ingredientele și amestecați până se omogenizează bine.
2. Puneți lingurile de amestec pe o foaie de prăjituri tapetată cu hârtie de copt.
3. Folosiți o altă foaie de hârtie de pergament pentru a apăsa amestecul.
4. Coaceți timp de 20 de minute la 350 ° F (176 ° C).

31. Înghețată de ciocolată vegană

Ingredient

- 3 banane congelate
- ¼ cană lapte de migdale neîndulcit
- 3 linguri cacao sau pudra de cacao
- ¼-½ linguriță de scorțișoară pudră (opțional)

Pregătirea

1. Pune bananele congelate și laptele de migdale într-un robot de bucătărie sau blender.
2. Procesați bine până devine mătăsos.
3. Adăugați cacao și scorțișoară.
4. Procesați până se amestecă bine

5. Pune inghetata la congelator pentru 15-20 de minute
6. Consumați imediat.

32. mousse de ciocolată cu 4 ingrediente

Ingredient

- 2 cutii de 12,3 uncii de tofu mătăsos
- 4 linguri pudră de cacao
- 1 lingurita de vanilie
- 1 cană pastă de curmale

Pregătirea

1. Amestecă tofu, pudra de cacao, pasta de curmale și vanilia într-un blender până când ingredientele sunt bine încorporate.
2. Păstrați la frigider înainte de servire și se va îngroșa și mai mult.

33. Plăcintă cu lămâie înghețată cu ananas și proaspătă afine

Ingredient

- ¼ cană suc proaspăt de lămâie (aproximativ 2 lămâi)
- ¼ cană de apă
- 1 cană de ananas proaspăt, tocat
- ¼ linguriță coajă de lămâie rasă
- ¼ de cană de afine proaspete, clătite și uscate complet

Pregătirea

1. Adaugă suc proaspăt, apă, ananas și coajă de lămâie rasă într-un blender de mare viteză. Procesați-le până când nu mai rămân cocoloașe.
2. Turnați amestecul cu grijă în recipientul unui aparat automat de înghețată și procesați-l conform instrucțiunilor producătorului.
3. Adăugați fructe de pădure proaspete în ultimele 10 minute. Savurați imediat sau lăsați-l să se întărească mai mult în congelator timp de o oră sau mai mult.

34. Gelat cu ciocolată

Ingredient

- 2 căni de lapte fără lactate
- ¾ cană sirop de arțar pur
- 1 lingură extract pur de vanilie
- ⅓ chipsuri de ciocolată vegană semidulce, tăiate mărunt sau fulgi

Pregătirea

1. Bateți laptele fără lactate, siropul de arțar și vanilia într-un castron mare până se combină bine.

2. Turnați amestecul cu grijă în recipientul unui aparat automat de înghețată și procesați-l conform instrucțiunilor producătorului.
3. În ultimele 10 sau 15 minute, se adaugă ciocolata tocată și se continuă procesarea până când se obține textura dorită. Bucurați-vă de gelato imediat sau lăsați-l să se întărească în congelator timp de o oră sau mai mult.

35. Inghetata cu unt de arahide si jeleu

Ingredient

- 2 cesti de lapte fara lactate, simplu, fara zahar
- ⅔ cană sirop de arțar
- 3 linguri de unt de arahide natural cremos
- ½ linguriță de ghimbir măcinat
- 2 lingurite extract pur de vanilie
- 6 linguri de fructe conservate

Pregătirea

1. Bateți laptele fără lapte, siropul de arțar, untul de arahide și vanilia într-un castron

mare până se combină bine. Turnați amestecul cu grijă în recipientul unui automat
aparat de înghețată și procesați-l conform instrucțiunilor producătorului.
2. Adăugați fructele conservate în ultimele 10 minute și lăsați-le să se combine cu înghețata până când se obține textura dorită. Savurați imediat înghețata sau lăsați-o să se întărească în congelator timp de o oră sau mai mult.

36. Cremă vegană

ingrediente

- 500 ml lapte de migdale
- 40 g amidon de porumb
- 50 g zahăr pudră
- 2 pachete de zahar vanilat
- 2 pastai de preparat de vanilie

1. Pentru budinca de vanilie, tăiați păstăile de vanilie pe lungime și răzuiți pulpa. Aduceți la fiert 450 ml lapte de migdale, zahăr vanilat, pulpa de vanilie și păstăia de vanilie. Se

amestecă zahărul pudră și amidonul de porumb cu 50 ml lapte de migdale.
2. Imediat ce laptele fierbe, scoateți pastaia de vanilie și amestecați amestecul de zahăr pudră-amidon de porumb. Se fierbe la foc mic, amestecând continuu, până când amestecul devine gros.
3. Crema umple Schüsserl și se lasă să se clătească mai devreme sau se bucură imediat de căldură.

37. Tsampa terci vegan

ingrediente

- 250 ml lapte de soia
- 2 linguri tsampa
- 5 linguri fulgi de cocos
- 2 linguri sirop de agave
- 1 praf de vanilie
- 1 praf de scortisoara
- Prepararea fructelor (la voie).

1. Aduceți laptele de soia la fiert pentru piureul de tsampa și amestecați tsampa cu un tel.
2. Amestecați fulgi de cocos, semințe de chia, sirop de agave și condimente. Lasam sa fiarba

scurt, terciul se ingroasa frumos dupa ceva timp.
3. Tăiați fructele proaspete (smochine și prune) în bucăți mici și pliați-le în terciul cald.
4. Terciul de tsampa are cel mai bine gust când este savurat cald!

38. Clatite cu zmeura vegane

ingrediente

- 250 ml băutură de migdale
- 1 lingura zahar de mesteacan
- 1 conserve de lapte de cocos
- 1 lingura de legume
- 150 g faina de spelta
- 2 linguri ulei de cocos (pentru copt)
- 6 linguri gem de zmeura (pentru periaj)
- 1 lingurita zahar de zmeura (ca decor)
- 1 pachet de preparat de zahăr vanilat bourbon

1. Pentru clătitele cu zmeură, puneți băutura de migdale într-un bol. Deschideți cutia de lapte

de cocos și turnați lichidul într-o cană, păstrați solidul ca „frișcă".
2. Amestecați legumele în laptele de cocos lichid și lăsați-l să se umfle puțin, apoi amestecați făina de speltă, amestecul de nucă de cocos și băutura de migdale și zahărul de mesteacăn, ar trebui să fie un aluat bun de clătite.
3. Este posibil să aveți nevoie de puțină mai multă făină sau lichid. Bateți fermitatea laptelui de cocos cu zahărul vanilat folosind un mixer.
4. Coaceți patru clătite într-o tigaie încălzită cu ulei de cocos. Ungeți cu dulceață și serviți decorat cu frișcă de cocos și zahăr de zmeură.

39. Orez din lapte de cocos cu kiwi si banane

ingrediente

- 300 ml lapte de cocos
- 100 g orez cu bob lung
- 1 praf de sare
- 1 lingurita sirop de artar
- 1 buc banană
- 1 buc kiwi

pregătire

1. Pentru orezul din lapte de cocos cu kiwi si banane, aduceti laptele de cocos la fiert si asezonati cu sare. Se presară orez și se fierbe până când se înmoaie (conform instrucțiunilor de pe ambalaj!).

2. Între timp, curățați fructele și tăiați-le în felii. Asezonați budinca de orez finită cu sirop de arțar. Se toarnă într-o farfurie și se decorează orezul din lapte de cocos cu feliile de banană și kiwi.

40. Banane crocante la cuptor

ingrediente

- 1 buc banană
- 2-3 foi de aluat filo (30x31 cm)
- 1 lingura suc de lamaie
- 2 linguri nuci (rasate)
- 3-4 linguri ulei de rapita
- 1 lingura de preparat zahar granulat

1. Pentru banane crocante coapte, preîncălziți cuptorul la 200 ° C căldură sus și inferioară. Curățați banana, tăiați-le în 4 bucăți egale și stropiți cu zeamă de lămâie.

2. Ungeți foile de aluat filo cu ulei de rapiță și așezați-le răsucite una peste alta. Tăiați foaia de aluat în 4 pătrate aproximativ egale.
3. Rulați bucățile de banană în nuca rasă și puneți o bucată în mijlocul unui pătrat. Îndoiți peste margini și puneți pachetul pe hârtie de copt.
4. Ungeți cu restul de ulei și puneți pe fiecare o grămadă mică de zahăr granulat. Coaceți până când devine auriu și crocant timp de aproximativ 10 minute.
5. Bananele crocante la cuptor se servesc cel mai bine calde cu gheață sau doar așa cu cafea.

REȚETE DE GUSTARE

41. Frigarui de paine si branza

ingrediente

- 2 felie (e) de pumpernickel
- 25 g crema de branza degresata
- 50 g brânză semi-tare, integrală, cu conținut scăzut de grăsimi
- 1/4 castravete
- 1/4 măr
- 4 bucăți de roșii cocktail
- sare piper
- 2 frigarui de lemn

pregătire

1. Pentru frigaruile de paine si branza, injumatati feliile de pumpernickel, imbracati feliile de pumpernichel injumatati cu 1 lingura de crema de branza, asezati o alta felie de paine deasupra, imbracati din nou cu crema de branza, puneti a treia felie deasupra, imbracati cu crema de branza si pumpernichel.
2. Tăiați blocul de pâine în cuburi de 2 cm. Tăiați și brânza tare în cuburi mai mici. Tăiați mărul în trei felii.
3. Pune pe frigaruile de lemn blocuri de pumpernichel, felii de castravete, bucatele de mere, cuburi de branza si rosii. Se presara apoi frigaruile de paine si branza cu putina sare si mult piper proaspat macinat.

42. Rulate prăjite

ingrediente

- 12 felie (e) de pâine prăjită (decoarțată)
- 200 g cheddar (ras)
- 2 linguri de unt
- 2 oua
- 4 linguri nuci de pin (prajite)
- sare de mare
- Piper din râșniță) ☐ Pentru pesto:
- 1 borcan de rosii (uscate, 370 g)
- 5 capere
- 25 g nuci de pin (prajite)
- 1 catel de usturoi
- 5 linguri ulei (din borcanul de rosii)

- 50 g parmezan (ras)
- 1 lingurita praf de chilli (optional)
- sare de mare

☐**Piper din râşniţă) preparat**

1. Pentru rulourile prăjite, amestecaţi mai întâi toate ingredientele pentru pesto într-o cană înaltă cu un blender de mână şi asezonaţi cu sare de mare şi piper.
2. Pentru pâine prăjită, întindeţi feliile de pâine subţiri cu un sucitor. Întindeţi pesto subţire pe suprafeţe şi la aproximativ 1 cm liber de marginea de sus. Deasupra se intinde cheddar ras si se presara cu nuci de pin. Rulaţi strâns feliile de pâine prăjită.
3. Bateţi laptele şi ouăle împreună. Topiţi untul într-o tigaie antiaderentă. Trageţi rulourile de pâine prăjită prin amestecul de lapte şi ou şi apoi prăjiţi-le în unt până se rumenesc.

43. Burger de curcan și castraveți

ingrediente

- 600 g escalope de curcan
- 12 frunze de salata verde
- 1 castravete
- 6 linguri maioneza
- 6 rulouri de bagheta (sau 1 bagheta mare)
- sare
- piper
- unt (pentru prajit)

pregătire

1. Pentru burgerul de curcan și castraveți, spălați frunzele de salată verde și uscați. Castravetele se spală și se taie în felii.

Asezonați snițelul de curcan cu sare și piper. Se încălzește untul într-o tigaie și se prăjește snițelul pe ambele părți timp de 4-5 minute.
2. Scoateți din tavă și tăiați în fâșii. Tăiați rulourile de baghetă pe lungime și ungeți jumătățile inferioare de pâine cu maioneză. Deasupra asezam frunzele de salata verde si feliile de castravete, intindem deasupra fasiile de curcan si inchidem din nou bagheta.

44. Tortila cu creveți și anghinare

ingrediente

- 200 g creveți (curățați și fierți)
- 4 anghinare (murate, conservate sau pahar)
- 5 ouă
- 2 linguri suc de lamaie
- Sare de mare (de la moară)
- Piper (de la moară)
- ulei de masline

pregătire

1. Stropiți creveții cu zeamă de lămâie și tăiați anghinarea în optimi. Se încălzește puțin ulei de măsline într-o tigaie și se prăjesc pentru

scurt timp creveții în ea. Intr-un castron batem ouale cu sare si piper, turnam peste creveti si lasam sa se aseze scurt. Întindeți anghinarea deasupra și prăjiți din nou pentru scurt timp.

2. De îndată ce fundul devine maro auriu, puneți un capac pe tigaie și întoarceți-l astfel încât tortilla să stea pe capac. Lăsați tortilla să alunece înapoi în tavă și coaceți cealaltă parte până se rumenesc. Împărțiți în bucăți de tort de orice dimensiune și serviți cald sau rece după dorință.

45. Club sandwich cu oală cu ierburi

ingrediente

- 100 g quark (slab)
- 4 felii de pâine prăjită
- 10 roșii cocktail
- Frunze de salata verde
- 2 linguri iaurt
- 1 castravete
- sare
- piper
- 1 catel de usturoi
- 1 strop de suc de lamaie
- Preparat de ierburi (mărar, arpagic, pătrunjel).

1. Pentru sandvișul club cu ghivece cu ierburi, curățați prima jumătate a castraveților, dați-l pe răzătoare, asezonați cu sare și lăsați-l la infuzat câteva minute. Apoi stoarceți apa care se scurge. Acum tocați cățeii de usturoi. Se condimentează iaurtul și quarcul cu sare și piper, se adaugă cățelul de usturoi tocat și castravetele ras și se rafinează cu zeamă de lămâie.
2. Între timp, înjumătățiți feliile de pâine și prăjiți. Tăiați roșiile cherry și a doua jumătate de castraveți în felii. Pentru a servi, ungeți o jumătate de felie de pâine prăjită cu cremă de quark.
3. Întindeți deasupra roșiile cocktail, puțină salată verde și feliile de castraveți și, la final, acoperiți cu o a doua felie de pâine prăjită și fixați club sandwich-ul cu o oală cu ierburi cu o scobitoare.

46. Rulouri de strudel cu cartofi dulci

ingrediente

- 1 pachet de aluat strudel
- 1 cartof dulce (mare)
- 1 lingurita chili (tocat marunt)
- 1 lingura de cimbru (tocat marunt)
- 1 ou
- sare
- piper
- unt (topit)
- 1000 ml ulei de floarea soarelui (pentru prăjire) preparat

1. Cartofii dulci se curăță și se dau pe răzătoare, se amestecă cu ingredientele rămase și se condimentează cu sare și piper.

2. Ungeți foile de aluat strudel cu unt și puneți-le una peste alta, tăiați cercuri sau pătrate din aluat, puneți 1 linguriță de umplutură în mijloc și presați capetele bine.
3. Se prăjesc rulourile strudel cu cartofi dulci pentru aprox. 2-3 minute în ulei de floarea soarelui din belșug până devin aurii, se scurg pe hârtie de bucătărie și se condimentează cu puțină sare chiar înainte de servire.

47. Gustare cu mere și morcovi

ingrediente

- 2 mere
- 500 g morcovi
- 1 lamaie (sucul de la ea) ▢ 125 ml smantana

- 1 lingurita de zahar
- 1 lingurita ceapa (tocata marunt)
- sare
- piper
- 2 linguri de nuci (tocate) preparat

1. Curățați și rade merele și morcovii.
2. Stropiți cu suc de lămâie.
3. Curățați ceapa și tăiați-o în bucăți fine.
4. Se amestecă smântâna, zahărul, ceapa, sare și piper, se toarnă peste amestecul de mere și morcovi și se amestecă ușor.
5. Stropiți gustarea cu mere și morcovi cu nuci.

48. Chipsuri de boia

ingrediente

- 2 cartofi (medii)
- 1 lingura ulei de masline
- 1 lingurita boia praf
- sare

pregătire

1. Pentru chipsurile de boia de ardei, se curăță cartofii din cuptor și se taie în felii subțiri cu cuțitul de toaletă. Tapetați o foaie de copt cu hârtie de copt. Ungeți hârtia de copt subțire cu ulei de măsline. Puneți deasupra feliile de cartofi și ungeți ușor cu ulei de măsline.

2. Se presară cu boia de ardei praf și sare. Chipsurile de ardei se coace in cuptorul preincalzit la 220°C, 6 minute pana se rumenesc.

49. Toast vegetarian

ingrediente

- 4 felii (e) de pâine prăjită integrală
- 4 linguri pesto (Rosso)
- 1-2 rosii (coapte) ◊ 80 g branza de oaie
- 1 mână de rachetă
- Inghetata balsamica

pregătire

1. Pentru pâine prăjită vegetariană, prăjiți mai întâi cele 4 felii de pâine prăjită. Apoi tăiați fiecare felie de pâine prăjită în diagonală, astfel încât o felie de pâine prăjită să devină două triunghiuri.
2. Întindeți o jumătate de lingură de pesto rosso pe fiecare dintre cele două triunghiuri. Tăiați brânza de paradis și brânza de oaie în felii subțiri, acoperiți fiecare dintre cele 4 triunghiuri de pâine prăjită alternativ cu un strat de roșii și un strat de brânză de oaie.
3. Pe ultimul strat se pun cateva picaturi de inghetata balsamica, se distribuie rucola spalata peste toate cele patru triunghiuri de paine prajita si se acopera cu cele patru triunghiuri ramase. Aranjați pâinea vegetariană pe farfurie cu niște înghețată balsamică și roșii și savurați imediat

50. Chipsuri de cartofi prăjite

ingrediente

- 500 g cartofi (albastri sau galbeni)
- 400 ml ulei (pentru prajit)
- Ierburi (mixte, optional)
- sare

pregătire

1. Pentru chipsurile de cartofi prăjiți, spălați bine cartofii și uscați. Apoi tăiați cartofii cu coaja pe lungime în felii subțiri, uniforme, cu o mașină de tăiat sau o feliătoare de legume.
2. Se spală feliile într-o sită sub jet de apă până când apa pare limpede, se usucă și se coace în ulei încins până devine crocantă.

3. Lăsați chipsurile să se usuce complet pe hârtie de bucătărie și apoi condimentați cu sare.
4. Asezonați chipsurile de cartofi prăjiți cu ierburi și serviți

51. Sos de mere rosu si sfecla

Ingredient

- 2 cani de mar nedecojit, taiat cubulete sau ras
- 1 cană cireșe dezosate sau amestecuri de fructe de pădure
- 1 cană de sfeclă rasă necurățată

- 1 lingură pastă de curmale
- ½ lingurita de scortisoara
- 2 linguri de apa

Pregătirea

1. Pune toate ingredientele într-o cratiță.
2. Se pune la fiert și se fierbe până când merele și sfecla s-au înmuiat timp de 10-15 minute.
3. Zdrobiți cu un zdrobitor de cartofi sau procesați într-un robot de bucătărie pentru o consistență mai fină.
4. Serviți singur sau folosiți-l pentru a decora delicii de Halloween.

52. Lămpi de mere „Halloween".

Ingredient

- 6 mere rosii
- 1 cană unt de arahide
- 1 lingură pastă de curmale
- ½ linguriță de condiment pentru plăcintă de dovleac
- 1 cană de granola fără ulei

Pregătirea

1. Preîncălziți cuptorul la 300-350 ° F (177 ° C).
2. Tăiați vârful fiecărui măr.
3. Scoateți interiorul cu o lingură sau un pepene galben. Asigurați-vă că pereții sunt groși.
4. Sculpți cu grijă fața lanternei pentru a face ochii și gura.
5. Topiți untul de arahide într-o cratiță până la omogenizare și omogenizare.
6. Într-un castron, combinați untul de arahide topit cu pasta de curmale și condimentele de dovleac.
7. Umpleți merele cu amestecul de unt de arahide și înlocuiți vârfurile de mere.
8. Coaceți merele pe o foaie de copt timp de 10 minute.

9. Pune granola în mere și coace încă 10 minute.
10. Serveste imediat.

53. Pâine prăjită cu unt de migdale cu cartofi dulci
și afine

Ingredient

- 1 cartof dulce, feliat de o jumătate de centimetru gros
- ¼ cană unt de migdale
- ½ cană de afine

Pregătirea

1. Preîncălziți cuptorul la 350-360 ° F (177 ° C).
2. Puneți feliile de cartofi dulci pe hârtie de copt. Coaceți până se înmoaie, aproximativ 20 de minute. (Le puteți găti și într-un prăjitor de pâine, dar ar trebui să-l activați la temperatură ridicată timp de trei sau patru cicluri).
3. Serviți fierbinte, acoperiți cu unt de arahide și merișoare. Păstrați feliile de cartofi dulci rămase, fără sosuri, într-un recipient ermetic în frigider timp de o săptămână. Reîncălziți-le într-un prăjitor de pâine sau într-un cuptor cu toaster și acoperiți-le conform instrucțiunilor.

54. Pâine prăjită cu avocado

Ingredient

- 2 felii de pâine
- 1 avocado, feliat
- ½ suc de lamaie
- 2 linguri seminte de dovleac
- 1 praf fulgi de ardei rosu
- 1 praf de boia afumata
- 1 praf de seminte de susan
- 1 praf de sare
- 1 praf de piper negru

Pregătirea

1. Pâinea prăjită.
2. Puneți feliile de avocado pe pâine prăjită.
3. Presărați sucul de lămâie peste avocado.
4. Se presara deasupra seminte de dovleac, fulgi de ardei rosu, seminte de susan, sare si piper negru, dupa gust.

55. Batoane cu dovleac și fulgi de ovăz

Ingredient

- 3 căni de fulgi de ovăz gros
- 1 cană curmale fără semințe
- ½ cană de apă clocotită
- 2 lingurițe de condiment pentru plăcintă cu dovleac
- 1 lingura de seminte de in sau de chia macinate
- ¼ cană nuci feliate mici (opțional)
- ¼ cană de lapte vegetal
- 1 cană piure de dovleac

Pregătirea

1. Preîncălziți cuptorul la 350 de grade F.
2. Tăiați curmalele în bucăți mici, puneți-le într-un castron și turnați peste ele apa fierbinte. Se lasa sa stea 10 minute.
3. Adăugați ingredientele uscate într-un bol și amestecați bine.
4. Adăugați curmale cu apă, dovleac și lapte vegetal la ingredientele uscate și amestecați bine.
5. Acoperiți o foaie pătrată de copt cu hârtie de copt, apoi apăsați ferm amestecul în tavă.
6. Se coace 15-20 de minute.
7. Lăsați amestecul să se răcească complet în recipient înainte de a-l tăia în 16 pătrate sau 8 batoane mari.
8. A se păstra la frigider până la 7 zile.

56. Fulgi de ovăz și prăjituri cu mere

Ingredient

- 2 căni de fulgi de ovăz fără gluten
- 2 căni de sos de mere
- ½ cană stafide
- 1½ linguriță de semințe de chia
- 2 lingurite scortisoara

Proces

1. Preîncălziți la 350 ° F (177 ° C) în cuptor.
2. Într-un castron mediu, puneți toate cele 5 ingrediente și amestecați până se combină. Lasati sa stea in timpul incalzirii cuptorului timp de 10 minute.

3. Serviți linguri mari din amestec (acoperite cu hârtie de copt) pe tava pentru biscuiți. Aplatizați ușor și întindeți amestecul la dimensiunea și forma dorite cu dosul lingurii. Coaceți aproximativ 25 de minute.
4. După scoaterea din cuptor, mutați fursecurile pe grătar pentru a se răci.
5. Nu încerca să le mănânci o dată!

57. Minisandías delicioase

Ingredient
- 2 castraveți fragezi
- 1 bucată de inimă de pepene verde, de preferință densă și strălucitoare, cu un minim de semințe îndepărtate
- 1 praf de seminte de susan negru (prajite)

Pregătirea
1. Începeți prin a tăia capetele castraveților și apoi tăiați o bucată de 2" (5 cm) din fiecare capăt.
2. Puneți secțiunea centrală deoparte pentru o altă utilizare (salate etc.).

3. Așezați fiecare bucată semicirculară la capătul ei și folosiți vârful mic al unei linguri pariziene pentru a lua o jumătate de sferă din fiecare.
4. Folosește aceeași tehnică pentru a sculpta bucăți identice de inimă de pepene verde și așezați-le în interiorul castraveților, cu partea plată în sus.
5. Dacă piesele nu sunt ținute la nivel, puteți tăia cu grijă excesul cu un cuțit de curățat.
6. Finalizați prin presarea semințelor de susan negru cu degetul umed și răspândirea lor pe suprafața pepenilor.

58. Naut prajit

Ingredient
- 2 cutii de 15 uncii (425 g) de năut, clătite și scurse
- 1 lingurita praf de usturoi ⬜ 2 lingurite pudra de chili
- ½ linguriță de sare de mare
- 2 linguri suc de lamaie

Pregătirea
1. Preîncălziți cuptorul la 400 ° F (200 ° C). Tapetați o foaie de copt cu hârtie de copt și lăsați-o deoparte.

2. Puneți năutul într-o pungă de plastic sigilată de un galon (litru) și adăugați condimente. Se agită bine până se acoperă complet.
3. Întindeți uniform năutul picant peste foaia de copt pregătită.
4. Coaceți timp de 45 până la 55 de minute, amestecând la fiecare 15 până la 20 de minute, astfel încât năutul să se gătească uniform, până se rumenește.
5. Serviți cald sau rece pentru o gustare în orice moment.

59. Vafe cu sos de mere si migdale

ingrediente
- 100 g fulgi de ovaz
- 50 g făină (de speltă integrală)
- 10 g semințe de chia
- 3 g bicarbonat de sodiu
- 25 g zahăr de mesteacăn
- 50 g unt de migdale
- 100 g sos de mere
- 1 buc. Lămâie (bio, coaja rasă și 1 linguriță de suc)
- 50 ml lapte de migdale (sau alt lapte vegetal, mai mult dacă este necesar)

pregătire
1. Adăugați ingredientele uscate în blender pentru vafele cu sos de mere și migdale și amestecați până când totul este măcinat fin.
2. Amestecați sosul de mere, sucul de lămâie, coaja de lămâie, untul de migdale și laptele de migdale. Adăugați încet acest amestec la ingredientele uscate și amestecați cu mixerul manual. Dacă este necesar, adăugați puțin lapte de migdale și asezonați cu zahăr de mesteacăn. Lasam aluatul sa se odihneasca 10 minute.
3. Între timp, preîncălziți fierul de vafe și, dacă este necesar, ungeți-l.
4. Puneti 1 lingura de aluat in mijlocul vafei, inchideti si coaceti vafele cu sos de mere si migdale pentru aproximativ 2 minute.

60. Pepene verde rece ca gheață pe un băț

ingrediente
- 1/4 pepene verde
- Pregătirea bețelor de lemn

1. Mai întâi, decupați pepenele verde, dacă este necesar, și tăiați în triunghiuri mici cu coaja.
2. Înfige un băț de lemn în fiecare bucată din partea inferioară cu vasul. Dacă coaja este prea strânsă, folosiți un cuțit pentru a face o fantă.
3. Puneți colțurile de pepene verde în congelator până când sunt complet înghețate.
4. Pepenele verde pe un bat este gata. Dar le poți scufunda și în iaurt sau ciocolată.

REȚETE DE SUPE

61. Supa crema de castane

ingrediente

- 1 ceapă (mică)
- 1 lingura ulei
- 400 g castane
- 1500 ml supă de legume
- 200 ml frisca
- 1 cartof (daca este necesar)
- cimbru
- 1 praf de sare
- 1 praf de piper

- 1 praf de preparat de nucsoara (rasa).

1. Pentru supa crema de castane, decojiti castanele proaspete (sau, daca vreti sa fie rapid, scoateti castanele decojite din tava).
2. Curățați șalota și tăiați-le în bucăți mici. Taiati si castanele curatate in bucatele.
3. Prajiti usor salota in ulei de masline. Adăugați castanele și prăjiți-le scurt.
4. Se toarnă supa, se adaugă cimbru și se lasă totul să fiarbă aproximativ 30 de minute.
5. Se adauga apoi frisca si se aduce din nou la fiert.
6. Supa crema de castane cu piure de blender manual si asezoneaza cu sare si piper.

62. Supă cremă de varză roșie și mere

ingrediente

- 6 cepe
- ulei
- 500 g morcovi
- 2 kg de varză roșie
- 4 mere (acre)
- 500 ml vin roșu
- 300 g compot de afine
- 2 căni de smântână
- sare
- piper
- 1 praf de nucsoara
- 1 cub de supă
- Preparat cu oțet de vin roșu

1. Curățați și tocați grosier ceapa. Se încălzește uleiul într-o cratiță de 9 litri și se prăjește ceapa până se rumenește.
2. Intre timp se curata morcovii, se taie felii groase si se adauga la ceapa.
3. Îndepărtați frunzele exterioare inestetice de varză roșie, varza în sferturi, îndepărtați tulpinile tari și tăiați varza în fidea fine sau tăiată în felii. Merele se curata de coaja, se taie in optimi si se scot miezul.

4. Prăjiți scurt varza și merele cu morcovii și ceapa, apoi deglazăm cu vin roșu, adăugați puțină apă și totul pentru aproximativ 30 de minute până se înmoaie.
5. La final se adauga compotul de afine, se pune deoparte cea mai mare parte din lichid intr-o a doua craticioara si se paseaza legumele. Goliți lichidul înapoi, umpleți cu apă până la consistența dorită și fierbeți din nou pentru scurt timp.
6. Amestecați smântâna cu una sau două linguri de supă până se omogenizează și amestecați în supă.
7. Asezonați după gust cu sare, piper, nucșoară și cuburi de supă, condimentați cu o strop de oțet de vin roșu dacă doriți.

63. Tafelspitz cu sos de fructe de muștar

ingrediente

- 800 g carne de vita fiarta
- 4 morcovi
- 1 praz (e)
- 1 tubercul (e) țelină (mică)
- 2 cepe
- 4 frunze de dafin
- 10 boabe de ienupăr
- 2 cuișoare
- 10 boabe de piper
- 2 cuburi de bulion de carne Pentru sosul de mustar:

- 1/2 pahar de piure de Mostarda (cu fructe amestecate)
- 100 g smantana
- 2 linguri de maioneză (grămăduită)
- 1/3 lingurita praf de curry
- 100 ml frisca
- sare
- piper

pregătire

1. Acoperiți carnea de vită fiartă cu multă apă. La început, îndepărtați spuma în mod regulat.
2. Intre timp se curata morcovul, prazul, telina si ceapa si se taie in jumatate. Adăugați legumele cu foile de dafin, boabele de ienupăr, cuișoarele, boabele de piper și cubulețele de bulion, mai adăugați puțină apă dacă este necesar. Acoperiți și gătiți la foc mic până când legumele sunt moi.
3. Ridică asta și pune-l deoparte. Acoperiți și gătiți carnea înainte de punctul de fierbere până când este și ea fragedă.
4. Prepararea sosului: $\frac{1}{2}$ pahar de piure Vanini Mostarda cu amestec de fructe cu smantana, maioneza, curry; Se amestecă sare și piper.

Bateți blatul până se întărește și amestecați în sos.

5. Ridicați carnea de vită fiartă din supă, tăiată în cca. Felii groase de 1 cm și se țin la cald într-un bol.
6. Încinge din nou legumele pentru scurt timp în supă, apoi aranjează-le împreună cu carnea pe farfurii și toarnă puțină supă peste ele. Cel mai bine este să serviți sosul separat.

64. Supă cremă de rădăcină albă

ingrediente

- 3 păstârnac
- 3 bucăți de rădăcină de pătrunjel
- 3 cartofi (făinoase, mici)
- 2 catei de usturoi
- 1 eșalotă
- 500 ml supa de legume
- sare
- Piper (de la moară)
- ceva bucatarie din soia
- patrunjel (pentru presarat)
- ceva preparat de ulei de rapiță

1. Curățați păstârnacul, rădăcinile de pătrunjel, cartofii și tăiați-le în cuburi mari pentru supa

cremă de rădăcină albă. Curățați și tăiați eșapa și cățeii de usturoi și căleți în ulei.

2. Adăugați rădăcinoasele și prăjiți-le pentru scurt timp. Apoi adăugați bulionul de legume și fierbeți până când legumele sunt moi. Se pasează legumele și se strecoară printr-o sită. Asezonați după gust cu sare, piper și bucătărie din soia.

3. Eventual adaugati supa de legume daca supa este prea groasa. Aduceți din nou fiertul scurt, aranjați supa cremă de rădăcină albă în farfurii și presărați pătrunjel tocat și piper proaspăt ras.

65. Supă de creson

ingrediente
- 4 cartofi (de mărime medie, făinoase)
- 1 ceapă
- ceva ulei
- 2 pumni de creson
- 2 lingurite sare (nivelate)
- 4 cani (e) apa (250 ml) preparat

1. Pentru supa de creson, mai intai curatati cartofii si ceapa si taiati-le in bucatele mici.
2. Se transpira amandoua in putin ulei incins intr-o cratita si apoi se adauga 4 cani de apa. Se lasa sa fiarba aproximativ 15 minute.
3. Acum adăugați 3/4 din creson în supă și faceți piure cu un blender de mână.
4. La sfarsit, adauga sare dupa gust si orneaza supa de creson cu restul de creson inainte de servire.

66. Supă de cartofi și guli-rabe

ingrediente
- 1 kg de cartofi
- 1 bucată de guli-rabe
- 1-2 l supa de legume
- 2 catei de usturoi
- 1 lingura de ghimbir (macinat)
- 1 lingura lemongrass (macinata)
- 1 lingura de seminte de chimion (macinate)
- Niste sare
- 2 lingurite de preparat maghiran (ras).

1. Pentru supa de cartofi si guli-rabe, curatati cartofii de coaja si taiati cubulete mari. Decojiți și tăiați grosier și gulii-rave.
2. Puneti ambele tipuri de cuburi intr-o cratita si turnati peste ele suficienta supa pana sunt bine acoperite si fierbeti in ea. În timp ce gătiți, stoarceți usturoiul în supă.
3. Cand totul este moale, scoatem tigaia de pe foc si asezonam cu condimente. Se piureează totul bine și, dacă este necesar, se adaugă puțină supă sau se adaugă niște condimente.

67. Supă de spanac și tofu

ingrediente
- 75 g tofu
- 50 g spanac (proaspat)
- 250 ml supă de legume
- 1 lingura sos de soia
- piper

☐ sare**pregătire**

1. Pentru supa de spanac și tofu, aduceți supa de legume la fiert. Tăiați tofu-ul în cuburi de 5x5 mm și adăugați-l în supa clocotită cu sosul de soia.

2. Reduceți focul și fierbeți timp de 2 minute. Tăiați spanacul și gătiți timp de 1 minut, amestecând ușor.
3. Asezonați supa de spanac și tofu cu sare și piper și serviți.

68. Supa spuma de sfecla rosie

ingrediente

- 500 ml suc de sfeclă roșie
- 200 g crema de soia
- 1 lingura supa de legume praf
- patrunjel (tocat)
- Piper (de la moară)
- Preparat de sare condimentată

1. Pentru supa spumă de sfeclă roșie, aduceți la fiert sucul de sfeclă roșie cu pudra de supă de legume. Se adauga apoi smantana de soia si se condimenteaza cu sare si piper.
2. Spumați cu un blender de mână până obțineți o spumă frumoasă. Împărțiți în boluri cu supă și presărați pătrunjel tocat. Supa de sfeclă roșie servită.

69. Bulion de legume fără sodiu

Ingredient

- 2 cepe galbene, feliate
- 3 catei de usturoi, tocati
- 6 morcovi, curatati si taiati felii
- 4 tulpini de telina, feliate
- 5 crengute de marar
- 4 crengute de patrunjel
- 4 ceai
- 10 căni de apă

Pregătirea

1. Adăugați ceapa la foc mediu într-o oală mare și amestecați până când mirosul se eliberează,

aproximativ un minut. Adăugați usturoiul, morcovii, țelina, mărarul, pătrunjelul și ceai și fierbeți aproximativ un minut până când ierburile își eliberează parfumul.
2. Adăugați apa și lăsați-o să fiarbă. Reduceți focul, acoperiți oala și gătiți timp de 45 de minute.
3. Opriți focul și lăsați aproximativ 15 minute să se răcească bulionul.
4. Filtrați bulionul printr-o sită și înghețați-l în găleți cu gheață sau turnați-l în borcane de sticlă dacă îl folosiți imediat. Va rămâne o săptămână sau cam așa ceva.

70. Supă de mere-morcovi-ghimbir

ingrediente
- 1 ceapa (mare)
- 2 catei de usturoi
- 250 g morcovi
- 1 tubercul de ghimbir
- 1/2 lămâie (suc)
- 1 măr
- 125 ml vin alb (sec) ▢ 500 ml supa de legume
- 1 lingura ulei de rapita
▢ sare**pregătire**
1. Pentru supa de mere-morcovi-ghimbir, curatati ceapa, usturoiul, morcovii, ghimbirul si merele si

tăiate în bucăți mici. Stropiți merele decojite cu suc de lămâie.
2. Asori scurt ceapa si usturoiul in putin ulei, se deglaseaza cu vin si se toarna supa de legume. Apoi gătiți morcovii în supă la foc mediu până când se înmoaie.
3. Adăugați merele și ghimbirul și gătiți timp de 1 până la 2 minute. Ciorba de mere-morcovi-ghimbir piure si asezoneaza cu sare.

RETETE DE SOS

71. Gnocchi cu sos de rosii si busuioc

ingrediente

- 1 bucată de ceapă
- 1 lingurita de ulei de masline
- 1 conserve de roșii pasate (400 g)
- sare piper
- 1 pachet de gnocchi (produs finit, 500 g nefiert)
- apă
- sare
- 20 g parmezan

☐ 10 bucati de preparat frunze de busuioc

1. Pentru gnocchi cu sos de roșii și busuioc se toacă mărunt ceapa. Transpirați bucățile de ceapă în ulei de măsline. Se toarnă roșiile deasupra, se condimentează cu sare și piper și se fierbe câteva minute.
2. Între timp, puneți gnocchi în multă apă clocotită ușor sărată și gătiți conform instrucțiunilor de pe pachet, apoi scurgeți.
3. Aranjați gnocchi în farfurii adânci, turnați peste ei sosul de roșii, serviți cu parmezan ras și stropiți cu frunze de busuioc smulse grosier.

72. Sos de gratar

ingrediente

- 1 ceapă
- 2 catei de usturoi
- 1 tubercul de ghimbir (mic)
- 1-2 ardei iute
- 2 crengute de cimbru
- 2 crenguță(e) de rozmarin
- 1 lingurita de seminte de coriandru (macinate)
- 100 g zahar (maro)
- 2 portocale (suc)
- 1 lamaie (suc)

- 2 linguri de sos Worcestershire
  500 g ketchup de roșii (sau piure de roșii)
- 1 lingura de mustar tarhon
- 1 lingura de boia de ardei praf (afumata sau normala)
- sare
- piper
- ulei de măsline

pregătire

1. Pentru sosul BBQ, curățați mai întâi ceapa, usturoiul și ghimbirul și amestecați cu ardeiul iute într-un robot de bucătărie până la o pastă fină.
2. Încinge puțin ulei de măsline într-o cratiță. Adăugați pasta cu condimentele, ierburile și zahărul și transpirați timp de 5 minute. Deglazează cu suc de portocale și lămâie și reduce puțin.
3. Adăugați ketchup-ul, muștarul, sosul Worcestershire și praful de boia și fierbeți la foc mic timp de aproximativ 30 de minute.
4. Treceți sosul BBQ printr-o sită și asezonați cu sare și piper.

73. Sos rece de plante

ingrediente

- 200 ml smantana
- 100 g maioneza
- 1 catel de usturoi (tocat marunt)
- 1 lingurita de mustar
- 50 g castraveți
- 1 lingura arpagic (tocat)
- 1 lingura patrunjel (tocat)
- 1/2 linguriță de borage (castraveți mărunțiți)
- 1/2 lingurita marar (tocat)
- 1/2 lingura balsam de lamaie (tocat)
- 1/2 linguriță Lustock (leuștean tocat)

- 1/2 lingurita tarhon (tocat)

sare

- zahăr
- Preparat cu ardei alb

1. Amesteca smantana cu maioneza. Se rade castraveții pe răzătoare sau se toacă foarte fin (cu satarul). Se amestecă cu usturoi și muștar. Se amestecă toate ierburile tocate mărunt. Se condimenteaza dupa gust cu sare, zahar si piper alb.

74. Cartofi prajiti cu sos verde

ingrediente

- 100 g ierburi culinare
- 125 g quark
- 1 cană de iaurt (1,5% grăsime)
- Sare de condimentare
- piper
- 500 g cartofi
- 1 lingura de unt
- 2 oua

pregătire

1. Spălați, uscați și curățați ierburile dacă este necesar. Se lasă deoparte câteva ierburi pentru servire, restul se toacă mărunt.
2. Amesteca quark-ul cu iaurtul si adauga ierburile. Se condimentează cu sare și piper.
3. Aduceți cartofii la fiert într-o cratiță cu apă și fierbeți până când sunt fierți. Apoi se curăță și se taie în felii.
4. Se încălzește untul într-o tigaie și se prăjesc feliile de cartofi până se rumenesc.
5. Între timp, fierbeți ouăle într-o cratiță cu apă până devin ceroase. Apoi se curăță și se taie în jumătate.
6. Întindeți sosul verde pe două farfurii, puneți deasupra jumătățile de ouă și serviți cartofii prăjiți alături. Se serveste presarat cu ierburi.

75. Sos de roșii Blitz

ingrediente

- 1 lingura ulei de masline
- 1/4 ceapă
- 1 catel(i) de usturoi
- 850 g roșii (cuburi, la conserva)
- 1 lingura pasta de rosii
- 1/2 crenguță (e) de busuioc
- sare
- Preparat de ardei (de la moară).

1. Mai întâi se curăță și se toacă ceapa și usturoiul.
   Smulge busuiocul și toacă.

2. Transpirați ceapa și usturoiul în ulei de măsline. Se adauga pasta de rosii si se toarna pe rosii.
3. Fierbeți aproximativ 15 minute pentru a lăsa roșiile să se destrame și să reducă sosul.
4. Pentru un sos și mai fin fără bucăți, acesta poate fi piureat și/sau strecurat.
5. Asezonați sosul cu sare, piper și busuioc.

76. Sos de dovleac

ingrediente

- 1 bucată de ceapă (medie)
- 1 buc. Dovleac (mic Hokkaido)
- 175 g Philadelphia (ierburi, smântână dublă)
- 200 g brunch (ierburi)
- Pregătirea Poarta Soarelui (Armurier).

1. Curatam ceapa, o tocam marunt si o calim in putin ulei. Dovleacul se taie cubulețe și se prăjește.
2. Se toarnă puțină apă (max. 125 ml) și se fierbe ușor.

3. Dovleacul moale se zdrobește cu un zdrobitor de cartofi, se adaugă crema de brânză, se condimentează cu sare, piper și un condiment iute (eventual și cu chili).
4. Dacă este necesar, diluați cu puțin lapte.

77. Sos fructat de boia

ingrediente

- 2 ardei (rosu)
- 1 morcov
- 1 roșie de carne
- 1 buc ceapa (mica)
- 1 măr
- 1/4 lingurita sare
- 1 bucată de ghimbir (mică)
- 200 ml apă
- oregano
- Curcumă

pregătire

1. Pentru sosul fructat de boia, ardei tăiați, morcovi, roșii, ceapă și mere. Puneți condimentele și ghimbirul într-o cratiță cu apă și le puneți la abur.
2. Nu faceți piure până la omogenizare cu un blender de mână, astfel încât să rămână câteva bucăți.

78. Sos de roșii cu legume

ingrediente

- 2 kg roșii
- 100 g Zeller (curățat)
- 2 buc. Ceapa
- 3 mere
- 3 morcovi
- 1 buchet de ierburi
- 5 linguri ulei de măsline
- 1 preparat (mic) de sfeclă roșie

1. Pentru sosul de roșii, opărește roșiile cu apă fierbinte pentru a se curăța mai ușor.

Dupa decojire se taie in jumatate si se indeparteaza cat mai mult din interiorul rosiilor.

2. Se toacă celelalte legume, se prăjesc în ulei de măsline, se adaugă bucățile de roșii și se lasă să fiarbă aproximativ 1 oră.

3. Apoi scoateți buchetul de mirodenii (eu leagă mereu niște cimbru, oregano, salvie și rozmarin) și faceți piureul sosul.

79. Sos de roșii spaniol

ingrediente

- 5 roșii (complet coapte)
- 1 ardei iute (sâmbure și tocat fin)
- 4 catei de usturoi (zdrobiti)
- 3 linguri migdale (măcinate)
- 2 cl sherry (uscat)
- sare
- 1 lingurita de zahar
- 1/8 l ulei de masline
- piper

pregătire

1. Pentru sosul de rosii, curatati rosiile de coaja si cubulete si pasati-le marunt impreuna cu migdalele, usturoiul si chilli.
2. Se amestecă foarte încet uleiul de măsline și se condimentează sosul de roșii cu sherry, sare, piper și zahăr.

80. Dovleac iute și sos de nucă de cocos

ingrediente

- 1 lingura ulei de gatit
- 1/2 ceapa (tocata fin)
- 500 g dovleac (curățat, tăiat cubulețe)
- 1 morcov (mare, ras grosier)
- 1 radacina de patrunjel (radacina de patrunjel, rasa grosier)
- 1/4 tubercul (e) țelină (răzuită grosier)
- Sare condimentată (de exemplu, Vegeta; după gust)
- 1/2 linguriță pudră de chili (acoperită)
- 1 cutie(e) de preparat din lapte de cocos (neindulcit).

1. Se incinge uleiul intr-o cratita si se prajesc fasiile de ceapa in el.
2. Adăugați dovleacul, morcovii, pătrunjelul și țelina și frigeți. Sare putin si adauga 1 cana de apa. Lasam sa fiarba aproximativ 10 minute.
3. De îndată ce legumele sunt ferme la mușcătură, se presară peste ele praful de chilli și se toarnă peste ele laptele de cocos.
4. Amestecați bine înainte de servire și adăugați sare dacă este necesar.

81. Sos de mere roșu și sfeclă

Ingredient

- 2 cani de mar nedecojit, taiat cubulete sau ras
- 1 cană cireșe dezosate sau amestecuri de fructe de pădure
- 1 cană de sfeclă rasă necurățată
- 1 lingură pastă de curmale
- ½ lingurita de scortisoara
- 2 linguri de apa

Pregătirea

1. Pune toate ingredientele într-o cratiță.

2. Se pune la fiert și se fierbe până când merele și sfecla s-au înmuiat timp de 10-15 minute.
3. Zdrobiți cu un zdrobitor de cartofi sau procesați într-un robot de bucătărie pentru o consistență mai fină.
4. Serviți singur sau folosiți-l pentru a decora delicii de Halloween.

82. Sos de afine și portocale

Ingredient

- Coaja și sucul unei portocale
- ½ cană sirop de arțar
- 1 pungă (12 oz - 340 g) de merișoare roșii proaspete
- 1 lingurita scortisoara

Pregătirea

- Într-o cratiță mică, adăugați toate ingredientele și lăsați-le să fiarbă. Reduceți temperatura și fierbeți timp de 15 minute sau până când afinele explodează și sosul începe să se îngroașe.

- Transferați-l într-un bol și dați la frigider până se răcește, cel puțin o oră.

83. Sos de afine

Ingredient

- 1 sfert (946 ml) suc de mere
- ¼ cană sirop de orez brun
- ¼ cană sirop de arțar
- 8 linguri de agar fulgi
- 3 căni de merișoare roșii crude
- 1 lingurita scortisoara
- 1 lămâie, folosiți suc de lămâie și coaja rasă
- 1 praf de sare de mare (optional)

Pregătirea

- Amestecați sucul de mere cu siropul de orez, siropul de arțar și fulgi de agar într-o caserolă de 3 litri. Se fierbe și se amestecă pentru a dilua praful.
- Scoateți merișoarele și scorțișoara pe măsură ce scade temperatura. Acoperiți și gătiți până când merișoarele sunt moi timp de aproximativ 10 minute.
- Se ia de pe foc, se adauga zeama de lamaie si coaja.
- Se toarnă totul într-un recipient de sticlă sau o matriță și se pune la frigider; ar trebui să dureze aproape două ore pentru ca sosul de afine să se îngroașe.

84. Dulceata de rosii picanta

Ingredient
- 4 căni de roșii struguri sau cherry, tăiate în jumătate
- ¼ cană sirop de arțar pur
- 2 catei de usturoi, tocati
- 1½ lingurita de chimion macinat sau dupa gust
- 1 lingurita de chili rosu proaspat tocat (optional)
- ½ lingurita de ardei rosu zdrobit sau dupa gust

Pregătirea
1. Într-o cratiță medie, combinați roșiile tăiate în jumătate și siropul de arțar la foc mediu-mic. Gătiți-le timp de cinci minute sau până când roșiile încep să-și elibereze sucul, amestecând din când în când.
2. Adăugați usturoi, chimen, ghimbir, chili roșu (dacă îl folosiți), ardei roșu măcinat și sare de mare. Se amestecă totul bine în tigaie și se fierbe. Reduceți focul la mic, acoperiți și fierbeți timp de 30 până la 35 de minute, amestecând la fiecare 5 până la 10 minute.
3. Scoateți capacul și fierbeți timp de 5 până la 10 minute pentru a îndepărta puțin excesul de lichid. Se ia amestecul de pe foc si se lasa sa se raceasca. Transferați-l într-un borcan ermetic și păstrați-l la frigider până la o săptămână.

85. Sos tartar vegan

ingrediente
- 50 ml lapte de soia
- 100 ml ulei de rapita
- 1/2 lingurita suc de lamaie
- 2 lingurițe de muștar
- 30 de grame de murături
- 20 g capere
- 1 lingura patrunjel (tocat)
- 1 lingurita zahar
- sare
- piper

pregătire

1. Pentru sosul tartar se toacă mărunt murăturile și caperele. Turnați laptele de soia, uleiul și sucul de lămâie într-un borcan de blender. Se amestecă cu blenderul de mână până când se obține o consistență cremoasă (aprox. 30 de secunde).

2. Amestecați smântâna cu murăturile, caperele, muștarul, pătrunjelul, zahărul și piperul. Adăugați sare și zahăr după gust. Sosul tartar merge bine cu ciuperci coapte.

GĂRĂ ȘI FOARTE PRINCIPALĂ

86. Burritos cu broccoli

Ingredient

- 1 legătură de broccolis (aproximativ 2 căni)
- 1 cutie de 15 uncii (425 g) de năut
- ½ cană ardei roșii prăjiți
- 3 linguri suc de lamaie
- 6 tortilla (făină sau fără gluten)
- 6 linguri de sos (mai mult sau mai putin dupa gust)

Pregătirea

1. Tăiați sau spargeți broccoli în corsaje. Curățați tulpinile și tăiați-le în felii de 1/2 inch (1,2 cm) grosime. Pune-le la abur peste apă clocotită doar până se înmoaie, aproximativ 5 minute.
2. Scurgeți năutul și puneți-l într-un robot de bucătărie cu ardei și zeamă de lămâie. Procesați-le până când nu mai rămân cocoloașe.
3. Întindeți aproximativ 1/4 de cană din amestecul de năut într-o omletă și puneți-o cu fața în sus într-o tigaie mare și fierbinte. Încinge tortilla până se înmoaie, aproximativ 2 minute.
4. Distribuiți o linie de broccoli fiert prin centrul tortillei și turnați puțin sos peste ea. Îndoiți partea de jos a tortillei în sus, apoi, dintr-o parte, rulați tortilla în jurul broccoli. Repetați pașii 3 și 4 cu tortillale rămase.

87. Vinete si ciuperci cu alune

sos

Ingredient

- 1 vinete mare
- 1 ceapa galbena mica
- 1 pachet de 12 uncii (340 g) de ciuperci (albe, cremini sau mici Portobelo)
- ½ cană bulion de legume sau apă
- Sare de mare dupa gust (optional)

Pentru Sos

- ⅓ cană unt de arahide natural
- ¼ cană apă sau bulion de legume cu conținut scăzut de sodiu

- 1 lingurita sirop de agave
- 1 lingură sos de soia cu conținut scăzut de sodiu (folosește sos de soia fără grâu dacă ești sensibil la gluten)
- 1 lingura otet balsamic

Pregătirea

1. Tăiați vinetele în bucăți de aproximativ 1 inch (2,5 cm) și înmuiați-le în apă sărată suficientă pentru a se acoperi timp de 15 minute. Între timp, tăiați și tocați ceapa mărunt, împărțind ciupercile în patru. În apă, căliți ceapa până se înmoaie. Clătiți vinetele și scurgeți-o. Întoarceți vinetele și ciupercile în tigaia cu lichidul de înmuiat din vinete. Acoperiți-le și lăsați-le să fiarbă până când vinetele sunt moi (5 până la 10 minute). 7

2. Scoateți siropul de agave, sosul de soia și oțetul când amestecul este omogen și cremos și amestecați până când amestecul este din nou fără cocoloașe.

3. Versați sosul din tigaie peste legumele sotate. Se fierbe la foc mic și se amestecă până când sosul s-a îngroșat, acoperind legumele pline timp de un minut sau două. Servește orez fierbinte și fasole aburită sau alte legume verzi cu alegerea ta.

88. Fettuccine cu broccoli si nuci de pin

Ingredient

- 1 kilogram de broccoli
- 8 uncii fettuccine (folosiți paste fără gluten dacă sunteți sensibil la gluten)
- 4 roșii mari, tăiate cubulețe (sau o cutie de 28 uncii sau 794 de grame de roșii mărunțite)
- 2 linguri nuci de pin
- 4 catei mari de usturoi, tocati
- ¼ lingurita sare (optional)
- ¼ de lingură fulgi de ardei roșu (sau un praf de cayenne)

Pregătirea

- Broccoli împărțit sau tăiat în corsaje; curățați și tăiați tulpinile. Se fierbe broccoli la abur aproximativ 5 minute până devine fraged.
- Fierbe pastele până se înmoaie. Scurgeți rapid și clătiți.
- În timp ce gătiți pastele, prăjiți timp de 1 minut usturoiul, fulgii de ardei roșu sau cayenne și nucile de pin în apă. Adăugați roșiile și gătiți timp de 7 minute la foc mediu. Adăugați broccoli.
- Întindeți pasta și acoperiți-o cu sosul pe o farfurie mare. Serviți imediat.

89. Aluat de pizza cu grau integral si negru

fasole

Ingredient

- ¾ cană fasole neagră (aproximativ ½ dintr-o cutie de 15 uncii sau 425 g)
- ⅓ cană de apă
- 1⅔ cană de apă caldă
- 1¼ lingură de zahăr (sau îndulcitor la alegere, este opțional, dar recomandat pentru a hrăni drojdia)
- 2¼ linguriță drojdie
- 1½ cană făină de pâine
- 1 cană făină de grâu
- ½ lingurita sare (optional)

Pregătirea

1. Clătiți și scurgeți fasolea, apoi treceți-le în piure într-un blender sau robot de bucătărie cu 1/3 de cană de apă până când nu se formează cocoloașe. Adăugați apă după cum este necesar (măresc câte 1 lingură o dată).
2. Bateți apa fierbinte, zahărul, drojdia și piureul de fasole împreună.

3. Amestecați făina și sarea, adăugați-le încet la amestecul de drojdie (dacă nu folosiți o mașină de pâine, amestecați în timp ce adăugați amestecul de făină).
4. Se framanta pana cand aluatul devine elastic, se lasa sa creasca, si se acopera, cel putin o ora.
5. Modelați aluatul de pizza într-o tavă de copt neunsă, ușor unsă.
6. Pe aluatul format se aseaza ingredientele si sosul sau sosurile.
7. Coaceți timp de 20 de minute (sau până când ingredientele sunt fierte).

90. Usturoi Spanac

Ingredient

- 1 buchet mare de spanac proaspăt
- 3 catei de usturoi
- 1 lingurita otet
- Apă sau bulion de legume cu conținut scăzut de sodiu pentru a sota

Pregătirea

- Spălați spanacul.
- Curățați și tăiați usturoiul.
- Se caleste usturoiul in apa sau bulion de legume la foc mediu pana se inmoaie.

- Adăugați spanacul în tigaia fierbinte. Folosiți cleștele pentru a întoarce spanacul până când abia se ofilesc.
- Se presară cu oțet și piper negru și se servește.

91. cartofi dulci!

Ingredient

- 2 până la 3 igname sau cartofi dulci (ignamele roșii fac un fel de mâncare foarte colorat)
- 2 până la 3 mere
- 1 lingura de dulceata sau fructe tartinabile (100% fructe, fara zahar adaugat, piersici, portocale sau ananas)
- ½ cană de suc de portocale

Pregătirea

1. Preîncălziți cuptorul la 300-350 ° F (177 ° C).
2. Curățați și tăiați cartofii dulci și merele în felii subțiri.

3. Combinați fructele tartinabile și sucul de portocale.
4. Pune cartofii dulci și merele pe o tavă de copt.
5. Turnați amestecul de portocale peste cartofii dulci și mere și acoperiți cu un capac sau aluminiu.
6. Coaceți timp de 45 de minute la 350 ° F (177 ° C).
7. Cartofii dulci vor fi gata când vor fi străpunși ușor cu o furculiță.

92. Piure de cartofi cu usturoi

Ingredient

- 8 cartofi roșii medii
- ½ lingurita piper negru
- 10 până la 12 căței de usturoi proaspăt
- 1 până la 2 căni de apă de cartofi
- 1 cană lapte nelactat fără zahăr
- Apă sau bulion de legume cu conținut scăzut de sodiu pentru a sota
- Sare sau piper dupa gust (optional)

Pregătirea

1. Tăiați cartofii în optimi (se lasă cojile).

2. Acoperiți cu apă și lăsați-le să fiarbă la foc mediu până se înmoaie, aproximativ 15 minute.
3. Curățați, zdrobiți și tăiați cățeii de usturoi.
4. Se caleste usturoiul intr-o cratita mica cu apa sau supa de legume pana se inmoaie. Pune-o deoparte.
5. Scurgeți cartofii fierți peste un vas pentru a vă colecta apa.
6. Folosind un concasor manual sau un mixer electric, zdrobiți cartofii. Adăugați o cană de apă de la cartofi și adăugați sare, piper și usturoi sot.
7. Adăugați mai multă apă din cartofi sau lapte, după caz, pentru a obține o consistență cremoasă.
8. Serviți piureul imediat sau păstrați-l în cuptorul încins acoperit până când este gata de mâncare.

93. Cartofi copți umpluți

Ingredient

- 2 cartofi Russet sau Yukon (cartofi galbeni), fiecare aproximativ 8 uncii (227 g)
- 1/3 cana lapte fara lapte, simplu, fara indulcitor
- 4 linguri hummus, fara ulei
- 1 cana legume fierte si tocate (ceapa, broccoli, conopida etc.)
- ½ lingurita sos iute
- ½ lingurita sare kosher (optional)

Pregătirea

1. Preîncălziți cuptorul la 300-375 ° F (190 ° C). Pregătiți cartofii pentru coacere spălându-i bine și introducând o furculiță sau un cuțit de mai multe ori, astfel încât fumul să scape în timpul procesului de coacere.
2. Coaceți aproximativ o oră, sau până când se înmoaie când introduceți o furculiță. Scoateți-le din cuptor și lăsați-le să se odihnească până se răcesc suficient pentru a le atinge. Tăiați cartofii pe lungime.
3. Scoateți interiorul cartofilor cu o lingură și puneți-i într-un bol și aveți grijă să nu rupeți cojile. Lăsați o mică margine a cartofului intactă pentru sprijin.
4. Lăsați cojile de cartofi pregătite pe o tavă de copt.
5. Amestecați interiorul cartofilor într-un castron, împreună cu ingredientele rămase și combinați-le complet. Se toarnă amestecul înapoi în cojile de cartofi uniform până când fiecare jumătate este rotundă și aproape debordantă. Puneți-le înapoi la cuptor și coaceți până se încing, aproximativ 15 minute. Scoateți din cuptor și serviți imediat.

94. Orez curry

Ingredient

- 1 ceapa tocata
- 5 sau 6 căni de orez brun fiert
- 2 linguriţe pudră de curry
- 1 pachet de 16 uncii (454 g) de mazăre și morcovi congelaţi, aburiţi și scurşi
- Sare (optional) si piper dupa gust
- ¼ cană stafide, măcinate
- ¼ cană migdale crude, filetate și prăjite

Pregătirea

1. Căleţi ceapa tăiată felii într-o tigaie antiaderentă uscată până se rumenește.

Adăugați puțină apă dacă este necesar pentru a nu se lipi ceapa de tigaie.
2. Adăugați orez brun fiert, praf de curry, mazăre aburită și morcovi la ceapa aurie. Combinați-le bine.
3. Asezonați generos cu sare (opțional) și piper. Amestecați combinația de orez curry cu stafide și migdale și serviți imediat.

95. Piure de cartofi

Ingredient

- 3 kilograme de cartofi, un amestec de roșu și galben (Yukon Gold)
- ½ mână de pătrunjel
- ¼ cană drojdie nutritivă
- ½ lingurita piper negru
- 2 căni de lapte natural de migdale
- ½ lingură praf de ceapă
- 1 lingurita usturoi granulat

Pregătirea

1. Spălați și tăiați cartofii în bucăți mari, cam de aceeași dimensiune. Puneți-le într-o oală mare și acoperiți cu apă și lăsați-le să fiarbă până se înmoaie, 7 până la 10 minute. Intre timp se spala si se taie patrunjelul.
2. Verificați cartofii cu un cuțit; Ar trebui să alunece între ele când sunt gata. Scurge-le. Bucurați-vă de aburul facial.
3. Pune cartofii din nou în oala fierbinte. Lăsați-le să se aburească, astfel încât să elibereze o parte din lichid. Adăugați ingredientele rămase: pătrunjel, lapte de migdale, drojdie nutritivă, sare, piper, praf de ceapă, usturoi granulat. Folosiți o presă de cartofi pentru a zdrobi totul împreună. Încercați piureul pentru a regla condimentul.

96. Umplutura traditionala

Ingredient
- ½ cană bulion de legume
- 1 lingură sos de soia sau tamari cu conținut scăzut de sodiu
- 4 căni cuburi de pâine fără gluten sau din grâu integral
- ½ cană ceapă tocată
- 1 cana telina tocata
- 1 lingura drojdie nutritiva
- ½ linguriță de condimente pentru păsări
- ½ linguriță de usturoi pudră
- ½ lingurita patrunjel uscat

Pregătirea
1. Preîncălziți cuptorul la 350 F.

2. Într-un castron mic, amestecați semințele de in din sol cu apa și lăsați deoparte timp de 10 minute.
3. Într-un castron mare, combinați fiecare ingredient uscat.
4. Tăiați și puneți merele în felii subțiri într-un recipient.
5. Adăugați piureul de dovleac, extractul de vanilie, semințele de in pe bază de apă și pasta de curmale de mere și amestecați bine.
6. Combinați ingredientele uscate și amestecați bine cu merele. Dacă amestecul tinde să fie prea uscat, adăugați apă.
7. Într-o tavă potrivită, puneți amestecul și coaceți timp de 30-35 de minute.

97. Umplutura Pilaf de Quinoa

Ingredient
- ½ linguriță de salvie
- 1 lingurita de cimbru
- 1 lingurita rozmarin
- ½ cană de orez sălbatic
- 1 ½ cană de quinoa
- 1 cană de orez brun sau amestec de orez
- ½ cană suc de portocale proaspăt stors
- 2 ½ cani de supa de legume
- ½ sare de mare
- 1 cană morcovi rasi
- 1 cană semințe de rodie (opțional)
- 1 cană agrișe (opțional)

Pregătirea

1. Încinge o oală la foc mediu.
2. Adăugați condimentele în oală și prăjiți timp de 30 de secunde.
3. Adăugați orezul sălbatic, quinoa și orezul brun și amestecați timp de 1 minut.
4. Adăugați sucul de portocale, bulionul de legume și sare de mare și amestecați bine.
5. Aduceți la fierbere, acoperiți și reduceți focul la mediu-mic și gătiți timp de 45 de minute.

6. Luați de pe foc, adăugați morcovii și fructele și serviți.

98. Tava rapidă cu spanac și legume

ingrediente
- 1000 g frunze de spanac (proaspete)
- 1 tubercul(i) de fenicul
- 1 ardei gras (rosu)
- 200 g rosii cherry
- 1 ceapa (rosu)
- 2-3 catei de usturoi
- 1 mână de nuci de pin
- Ulei de masline (extra virgin)
- sare
- piper

pregătire
1. Pentru tigaia rapidă cu spanac și legume, spălați legumele, sortați spanacul.

Curățați ceapa și usturoiul. Tăiați feniculul și ceapa. Scoateți tulpina și semințele din boia și tăiați-le în bucăți mici. Tăiați usturoiul în felii.

2. Se incinge uleiul de masline, se caleste ceapa, se adauga feniculul, usturoiul, ardeiul gras si rosiile si se prajesc totul. Adăugați spanacul proaspăt și lăsați-l să se prăbușească. Prăjiți nucile de pin într-o tigaie suplimentară fără grăsime până când miros parfumat și presărați-le peste tigaia cu spanac și legume.

99. Tocană de orez speltă și morcovi

ingrediente

☐ 200 g orez spelta
- 475 ml apă
- 1 nap galben
- 1 morcov
- 1 tubercul(i) de țelină
- 2 bat (e) telina
- 2 eșalote
- 2 catei de usturoi
- 4 crengute de cimbru
- 1 lămâie
- 3 linguri ulei de floarea soarelui
- sare

☐ piper**pregătire**

1. Curatam legumele, salota si usturoiul si le taiem cubulete mici, punem deoparte frunzele de pe tulpinile de telina. Frecați coaja de lămâie, stoarceți sucul

2. Se pun bucățile de legume și se curăță la fiert cu 500 ml apă, se condimentează cu sare și se fierb cca. 10 minute. Apoi se golește printr-o sită și se folosește ca supă de legume pentru tocană.

3. Aduceți orezul spelta în supa de legume la fiert, apoi fierbeți la foc mic timp de 20-25 de minute, scurgeți (strângeți supa) și lăsați deoparte.

4. Se încălzește uleiul de floarea soarelui într-o cratiță mare și se prăjește încet legumele cu cimbru, fără să-și schimbe culoarea. Se toarnă supa de legume rămasă și se fierbe la foc mic până se înmoaie.
5. Se amestecă legumele fierte cu orezul spelta și se condimentează cu suc de lămâie, sare și piper.
6. Aranjați tocanita în farfurii adânci și ornat cu coaja de lămâie și verdeață de țelină.

100. Curry de cartofi verzi cu mazăre

ingrediente
- 700 g cartofi (cerosi)
- 250 g mazăre (congelată) ▢ 800 ml lapte de cocos
- 2-3 linguri pasta de curry verde thailandez
- 2 bețișoare de lemongrass
- 2 frunze de tei chefir
- 1 legatura de coriandru (proaspat)
- 1 ardei iute (verde)
- 1 lime verde (bio)

▢ sare**pregătire**
1. Pentru curry de cartofi verzi cu mazăre, aduceți pasta de curry verde la fierbere în

laptele de cocos, amestecați de câteva ori pentru a crea un sos gros, cremos.
2. Curățați cartofii și tăiați-i în cca. cuburi de 1 cm.
3. Stoarce iarba de lamaie pentru ca uleiurile esentiale pe care le contine sa scape mai bine.
4. Se fierb cartofii în sosul de curry cu lemongrass și frunzele de liemtten până se înmoaie. Chiar înainte de sfârșitul timpului de gătit, adăugați mazărea și gătiți-o scurt. Asezonam curry-ul cu zeama si putina coaja de lime si sare. Scoateți frunzele de tei și lemongrass.
5. Se spala si se smulge frunzele de coriandru si se amesteca cu curry. Servește curry de cartofi verzi cu mazăre fierbinte cu orez basmati.

CONCLUZIE

Nimeni nu își schimbă obiceiurile alimentare peste noapte. Corpul și mintea au nevoie de timp pentru a se adapta la schimbări. Dacă vrei să experimentezi, începe prin a alege o zi care implementează opțiuni care urmează criteriile unei diete pe bază de plante și cresc progresiv aceste zile.

www.ingramcontent.com/pod-product-compliance
Lightning Source LLC
Chambersburg PA
CBHW050358120526
44590CB00015B/1743